RÉFUTATION
DE LA DOCTRINE.

IMPRIMERIE DE BETHUNE ET PLON,
36, Rue de Vaugirard.

RÉFUTATION

DE

LA DOCTRINE,

PAR

UN VIEUX SOLDAT

DU DRAPEAU TRICOLORE.

PARIS.

CHEZ HOUDAILLE, LIBRAIRE,
11, RUE DU COQ-ST-HONORÉ.

6 Décembre 1835.

RÉFUTATION

DE LA DOCTRINE.

Les hommes qui, depuis cinq ans, se sont usés au pouvoir, ont tous, sans exception, été l'objet d'un blâme sévère de la part d'orateurs et de publicistes d'un civisme et d'un talent incontestables; cependant, on doit à ces mêmes hommes que leur mauvaise fortune fit ministres, la justice de reconnaître qu'ils sont bons citoyens et gens de mérite.

Pourquoi donc aucun d'eux n'a-t-il pu recueillir de ses veilles pour le service public la plus légère parcelle de cette confiance sans bornes que la France prodigua pendant quinze ans à celui de ses enfants qui osa se nommer roi et ceindre son front plébéien de la couronne des Césars?

C'est que l'intérêt national domina constamment ses pensées et ses actes.

C'est que, *tout pour le peuple français*, devise de son testament, fut la loi sacrée de son règne.

C'est que la haute portée de son génie reconnut qu'aussi long-temps que l'éducation des masses populaires ne leur aurait pas ouvert les rangs de l'électorat, une constitution, quelque libérale qu'elle fût, ne serait qu'un mode de pression plus ou moins bien organisé, au moyen duquel l'exercice de la souveraineté serait dévolu despotiquement à la classe privilégiée, appelée par ses richesses à exercer le droit électoral ; que dès-lors, il s'associa d'ame aux masses populaires, fut en toutes occasions leur protecteur contre les prétentions des aristocraties de fortune ou de parchemin, plaça sa volonté au-dessus de toutes les théories constitutionnelles, et paya *en égalité les maillots de la liberté.*

Tandis que les hommes qui, depuis lui, ont tenu les rênes de l'état, ont, en gouvernant sous la loi des principes constitutionnels, exploité de fait, au saint nom de la liberté, les sueurs et le sang du peuple, dans l'intérêt de l'aristocratie féodale ou bourgeoise, dont ils étaient les représentants naturels, ou les élus.

Le machiavélisme, de quelque couleur qu'il se revête, s'use promptement en France, la vérité jamais. Napoléon vivra éternellement dans le souvenir des Français, parce que son règne fut tout *positif* et de *vérité.*

Les populations de la Bourgogne accourant au-devant de Napoléon à son retour de l'île d'Elbe, lui disaient : *Vous êtes notre roi, le roi du peuple.*

Louis XVIII est le roi des nobles. Des dragons harangués par le duc de Berry, lui répondaient : *Il est des nôtres, et si nous voulons lui faire crédit, c'est notre affaire.*

La France sera long-temps encore à comprendre toute l'étendue de la fiction d'un monarque constitutionnel ; pour elle, son roi est le chef responsable de la nation, auquel elle paye le tribut de sa reconnaissance, ou qu'elle condamne à descendre du trône.

Louis XVI, Louis XVIII, Charles X, sont d'effrayants exemples des mécomptes du peuple. — Napoléon est un éclatant exemple de sa reconnaissance.

C'est qu'autre chose est une monarchie constitutionnelle, assise sur d'antiques fondements, comme en Angleterre ; autre chose une monarchie à peine étayée d'institutions récentes, et froissant de grands intérêts encore pleins de vitalité.

Autant, dans la première, le cours établi des choses permet à la pensée royale de sommeiller ou de s'effacer, autant, dans la seconde, cette pensée doit dominer et planer sur l'ensemble des mouvements.

Au début d'une monarchie nouvelle, si la volonté toujours stable du fondateur ne contient pas le gouvernement et la société, et permet au contraire aux ministres de devenir des chefs de pensée au lieu d'être seulement les chefs de l'action de la pensée royale, l'état flotte au gré de caprices ou de passions contraires et dépérit infailliblement dans les essais de nouveautés sans terme.

En Angleterre, où toutes les positions relèvent les

unes des autres, dans une hiérarchie continue jusqu'au trône, le gouvernement peut, sans danger, être abandonné aux ministres désignés par les majorités, parce que ces ministres ne peuvent jamais être que l'expression d'intérêts dont le roi est le chef, le centre et le principe; mais en France, où, depuis quarante ans, il n'y a plus d'autre classement que celui des opinions, et où il ne reste, en réalité, quelles que soient les prétentions de l'aristocratie de fortune ou de parchemin, qu'un peuple et un roi, le roi seul a la nationalité indispensable pour représenter ce peuple dans l'exercice de la souveraineté et du pouvoir exécutif.

La responsabilité légale des ministres est un acte de prévoyance contre les accidents du pouvoir royal; elle ne saurait être une condition d'indépendance, sans quoi les ministres seraient de fait les membres d'un directoire exécutif, le sceptre ne serait plus dans les mains du prince qu'un hochet royal, et la monarchie constitutionnelle ne serait qu'une république aristocratique, comme furent celles de Venise ou de Gênes. Avec cette différence, toute à notre désavantage, qu'à Gênes comme à Venise, l'aristocratie régnante était tout à la fois conservatrice et protectrice des masses populaires, comme tout ce qui est séculaire et noble par l'éclat de ses hauts faits ; tandis qu'en France, où il n'y a plus que des débris de l'aristocratie féodale frappée de mort par le cardinal de Richelieu ou les rancunes de Louis XIV, et ayant tout à reconquérir, ou, aristocratie née de la veille, et par conséquent ambitieuse, malveillante pour les classes, que dans sa croissance elle a laissées derrière elle ; tout ce qui est aristocratie est usurpation, malveillance ou dédain pour la démocratie populaire.

Les ministres qui ont tenu constitutionnellement les rênes de l'état depuis vingt ans, sont une preuve de cette vérité, que gouverner par les majorités, c'est lancer le vaisseau de l'état sur une mer orageuse, et livrer la prospérité nationale aux essais des systèmes divers des hommes imposés au choix du roi par les majorités parlementaires.

Gouverner par les majorités parlementaires, c'est donner une toute-puissance aux ambitions citoyennes, et se livrer à une lutte terrible et constante entre les hommes que leur talent oratoire a forcés le roi de nommer ministres, c'est-à-dire maîtres de la France, et les hommes que la conscience de leur valeur ou l'ambition appelle au combat de tribune dans l'espoir d'usurper à leur tour le pouvoir suprême. Et, reconnaissons-le, la France est aujourd'hui surtout, si riche en beaux talents, qu'un ministre ne peut sans présomption se croire assuré contre l'apparition d'une capacité, si ce n'est plus brillante que la sienne, du moins assez supérieure pour s'aider de l'appui de l'opinion publique, si facilement inconstante, et dominer la majorité.

Chaque changement de ministère est un temps d'arrêt dans la marche du gouvernement ; mais le mal est bien plus grand encore lorsque le ministère, pour se mettre à l'abri de ce danger, acquiert par corruption le vote immuable de la majorité, car tôt ou tard la nation s'indigne, et de son mécontentement naît une crise qui met la couronne en péril.

Les ministres de Charles X sont à Ham ; leur châtiment n'a point sauvé la couronne de leur maître.

Les majorités parlementaires doivent être indépendantes dans le vote des lois, comme le pouvoir royal dans l'exécution de la loi ; mais cette indépendance , les majorités ne peuvent la conserver lorsque les ministres ne sont ministres que parce qu'ils ont été leurs chefs.

L'exemple de l'Angleterre est faussement appliqué à notre situation ; l'édifice constitutionnel anglais est encore tout féodal , même depuis la réforme. La monarchie et tous ses rouages ont été créés dans l'intérêt unique d'une aristocratie, ayant pour origine de position la conquête de l'Angleterre. Le roi, le premier de cette aristocratie, son chef naturel, trouve égale garantie pour sa dynastie dans l'administration d'un ministère whig ou tory, car whig ou tory sont également défenseurs de l'intérêt aristocratique dans des nuances indifférentes au sort de la couronne et aux grands intérêts des vainqueurs du sol ; aucun danger ne peut exister pour le roi dans la marche du ministère, qui ne soit danger pour tout ce qui possède une partie de la richesse anglaise , ces dangers ne pouvant naître que d'une convulsion des masses de prolétaires que rien ne représente encore dans l'organisation sociale de la vieille Angleterre.

Les Stuarts n'ont point perdu leur couronne pour

avoir été whigs ou torys, ils l'ont perdue pour avoir été papistes.

En Angleterre, avant l'émancipation des catholiques et la réforme électorale, la liberté illimitée de la presse ne pouvait jamais, quelque licencieuse qu'elle fût, devenir criminelle au premier degré, parce qu'il était hors de sa puissance de compromettre la sécurité de la monarchie, ou d'affaiblir le respect pour l'inviolabilité royale.

En France, au contraire, où depuis quarante ans tout est déclassement social, convulsions effrayantes, où rien ne prédomine plus, la presse est toute puissante dans les dangers qu'elle peut créer au gouvernement, et il faudrait la museler si elle n'était la garantie nécessaire aux masses populaires contre l'arbitraire ou la démence des mandataires de la minorité française, à laquelle la loi défère l'électorat et l'éligibilité.

Tout gouvernement établi a le droit incontestable d'interdire la discussion de ses droits à gouverner, et on l'a dit naguère avec raison, nul n'oserait à Washington, le berceau de la liberté américaine, prêcher sans folie les bienfaits du retour de la domination anglaise; pourquoi donc a-t-on osé prêcher en France, et avec une audace sans exemple, les bienfaits de la république?

C'est que, par une confusion d'idées, la presse a franchi les limites que l'intérêt public pose à son indépendance.

Mais si elle est coupable, l'est-elle seule? et si des masses de Français ont pu méconnaître assez leur intérêt pour croire leur cause distincte de celle de leur roi, n'est-ce pas aussi parce que doctrinaires et constitutionnels de toutes nuances dépouillent le roi du rôle saint de mandataire suprême de la nation, pour le réduire à celui de *grand électeur*, que l'abbé Sieyes, dans sa constitution de portefeuille, offrait comme le sommet de la pyramide sociale, dont la base était le peuple.

L'abbé Sieyes, esprit supérieur en théorie, avait raison, dans ce sens qu'aucun système n'était mieux lié que le sien dans toutes ses parties, chacune des assises de sa pyramide sociale était une conséquence, un produit électif de l'assise inférieure. Sieyes, consul provisoire après le 18 brumaire, soumit sa constitution à l'examen des plus hautes capacités françaises, aux anciens de nos assemblées nationales ; sa réputation, sa carrière, plaidaient fortement pour lui ; il y avait urgence de réorganiser le gouvernement, la France était lasse d'essais ; le rôle de chef suprême convenait à l'ambition du général que la victoire n'avait encore osé nommer que l'un des trois consuls provisoires; cependant, le système de l'abbé Sieyes et son grand électeur furent à l'unanimité déclarés d'une exécution impossible, et Sieyes lui-même reconnut qu'il n'était pas de position politique qu'il ne préférât à celle de grand électeur.

Mais , comme on l'a déjà dit, ce n'est point ainsi que les masses populaires françaises comprennent leur roi; elles ne connaissent que deux espèces de royautés : la royauté féodale, ennemie de toutes leurs liber-

tés, de tous leurs droits ; la royauté populaire, protectrice de leurs droits, de leurs libertés. Le trône de la
première, elles l'ont renversé en 89 et en 1830 ; le
trône de la seconde, elles l'ont élevé en 1804, et réé-
difié en 1830.

C'est ce sentiment profond qui fait du souvenir de
Napoléon le souvenir d'amour des masses qui par-
donnent à son despotisme en honneur de sa nationalité.

Le trône constitutionnel du grand électeur de l'abbé
Sieyes, vrai roi fainéant de la première race, n'est
dans l'esprit d'aucun Français, hors des bancs de l'é-
cole.

Si le roi gouvernait, la confiance dans l'avenir re-
prendrait de profondes racines ; un changement de mi-
nistére ne serait plus une secousse nationale, ce ne
serait que le remplacement d'un instrument usé ou en
désaccord par un instrument neuf ou supérieur. Les
ministres seraient dès-lors nécessairement et exclusivement choisis parmi les plus belles capacités spéciales, qu'elles fussent ou non dans les rangs de la pairie
ou de la députation. M. de Talleyrand n'était ni du
conseil des anciens ni du conseil des cinq cents, lorsque
le directoire lui confia le ministère des affaires étran-
gères et que la république lui dut la paix ; Carnot n'é-
tait ni sénateur ni député, lorsqu'il reçut de Napoléon
la mission de réorganiser l'armée ; Hugues Bernard
Maret n'était rien non plus, lorsque, nommé ministre
secrétaire-d'état, il devint de fait le premier ministre
de l'empire; M. Mollien, l'honneur de nos finances, n'é-

tait pas éligible quand Napoléon découvrit en lui le ministre du trésor.

L'assemblée constituante fut, sans contredit, la plus brillante de nos assemblées nationales par le grand nombre et l'éclat des talents qu'elle renfermait; l'assemblée législative et la convention furent remarquables par la puissance de leurs orateurs. Cependant, quel ministre a été produit par l'une ou l'autre des majorités de ces assemblées, qui ait emporté du pouvoir les regrets ou la reconnaissance de la France? Pas un. — C'est que, entre être orateur et être administrateur ou homme d'état, la différence est immense, et qu'on peut être un excellent ministre de la marine, de la guerre ou du trésor, et n'avoir pas l'éloquence nécessaire pour dominer la majorité d'une assemblée législative; car les études spéciales n'ont rien de commun avec les études oratoires et leur sont complètement opposées.

Mettre en principe qu'un ministre doit être député ou pair, c'est donc nécessairement exclure de l'administration de hautes capacités, c'est poser des limites au choix du roi, c'est violer en quelque sorte la charte qui dit : Le roi choisit et nomme les ministres, et ne dit pas : Le roi choisit les ministres dans les chambres.

Le ministère pris dans les majorités parlementaires, c'est la fusion du pouvoir exécutif et du pouvoir législatif dans la chambre des députés.

Sans doute, un ministère ne peut vivre sans l'appui des majorités parlementaires, mais de conquérir cet appui par le bienfait des actes, à être le représentant nécessaire de ces majorités, il y a bien loin.

La révolution de juillet n'a point été faite pour diminuer la puissance du pouvoir royal et placer le gouvernement dans les commissions législatives, elle n'est ni le 1688 de la France, ni la conséquence de l'intérêt que le peuple attachait au respect de la charte, elle est l'explosion de l'orgueil et des intérêts de cette masse innombrable de citoyens que la trahison, bien plus que les efforts d'un million de baïonnettes ennemies, livra deux fois aux périls d'une lutte nouvelle pour la défense de son émancipation politique.

La fusion des intérêts anciens et de ceux nés de la révolution de 1789 n'avait été possible qu'un jour ; alors que la nation, épuisée par vingt ans de lutte contre les rois de l'Europe, voyait une race antique ramener avec elle les bienfaits de la paix, proclamer son respect pour la nationalité française, et promettre la réalisation des doctrines libérales de l'assemblée constituante.

Les nations sont comme les hommes, elles aiment les illusions. Louis XVIII donna la charte pour paralyser les souvenirs de l'empire ; il avait compris que la réorganisation de la vieille monarchie de ses pères en monarchie constitutionnelle ne serait, étant octroyée par lui, qu'une perfection des rouages de son pouvoir souverain, qu'un moyen de disposer des richesses de ses peuples sous l'égide de l'expression chimérique de la volonté nationale, et qu'il n'appartiendrait qu'aux siècles de faire de la charte une vérité, de

inême qu'il n'appartient qu'aux siècles de faire de
l'élection une légitimité, et de la légitimité un droit
divin ; et qu'enfin l'article 14 serait toujours là comme
un témoignage de la toute puissance royale.

Malheureusement pour la branche ainée de la maison de Bourbon, les dépositaires de la confiance royale
n'avaient rien oublié, ni leurs préjugés, ni leurs rancunes féodales contre tout un peuple qui les avait ban-
nis. Le miracle du retour de l'île d'Elbe ne fut une
leçon pour personne. La cour de Gand revint plus
haineuse encore qu'elle n'était partie.

La France vaincue une seconde fois n'en fut que
plus passionnée dans ses antipathies des castes privilégiées et dans ses exigences libérales. Le combat
devint à mort entre les instruments du pouvoir royal
et les enfants de la révolution.

Louis XVIII se trouva dans la nécessité de gouverner hors des limites de la charte, il le put sans danger ;
son trône s'étayait alors de la protection des vainqueurs
de la France. On lui doit la justice de reconnaître
qu'aussitôt qu'il le jugea possible, son gouvernement
rentra dans les voies constitutionnelles, et que son
esprit également supérieur et subtil manœuvra le vaisseau de l'état avec une rare habileté ; mais Waterloo
avait affaibli pour long-temps le frein que la sagesse
royale avait essayé de donner en 1814 aux exigences
de l'émigration et du clergé ; l'avénement de Charles X
accrut la témérité de ces castes privilégiées. M. de Vil-
lèle succomba malgré le beau talent dont il fit preuve
pendant une lutte de sept ans contre les attaques de la

faction rétrograde, et contre les résistances qu'oppo-
sait à la marche du gouvernement la minorité parle-
mentaire qui défendait sur la brèche les droits acquis
par la révolution.

Charles X s'arrêta un instant au bord de l'abîme, il
écouta la voix du peuple ; le ministère Martignac fut
une concession à l'opinion publique.

Mais la marche incertaine de ce ministère affaiblit le
pouvoir royal sans consolider la base du pouvoir constitutionnel. Les partis s'agitèrent, les plus timides
vinrent au combat, rassurés qu'ils étaient par la fai-
blesse du gouvernement.

Charles X, dominé par les terreurs de sa camarilla,
appela à lui les hommes qui depuis quinze ans lui étaient
signalés comme les plus ardens défenseurs des droits
de sa couronne, et il remit les destins de sa dynastie au
ministère Polignac.

Les ordonnances de juillet furent le signal de la
révolte spontanée de trente millions de citoyens, parce qu'elles apparurent aux intelligences sociales comme
une atteinte mortelle à leurs droits politiques, et qu'elles furent pour les masses populaires l'occasion de la
vengeance.

Princes, ministres, députés, journalistes, simples
citoyens, tous s'abusèrent sur la puissance des armes
qu'ils déployèrent.

Charles X, signant les crdonnances au nom du salut
de la monarchie, croyait ne faire que l'emploi légitime
d'un pouvoir que, dans son opinion consciencieuse, il
tenait de sa naissance et de la charte même.

2

Journalistes et députés croyaient n'attaquer que le ministère lorsqu'ils en appelaient au jugement du peuple.

Les citoyens, recourant à leur héroïsme pour obtenir le renvoi d'un ministre, oublièrent qu'en plantant sur les barricades le drapeau tricolore, ils brisaient le sceptre de la restauration et bravaient toutes les chances d'une troisième invasion.

Le sacrifice du prince Polignac, l'abdication de Charles X et du duc d'Angoulême, ne furent et ne pouvaient être que les phases de l'agonie du règne de la branche aînée de la maison de Bourbon, du moment où le drapeau blanc qui ombrageait son trône n'était plus, par l'effet du combat, que le drapeau de l'émigration et de la Vendée.

Le drapeau de Fleurus et d'Austerlitz reparaissant sur le dôme des Tuileries, le joug de Waterloo était brisé; le Français de la république et de l'empire cessait d'être le vaincu de l'Europe; rien n'était plus possible que la réorganisation de la France : tout autre chose était chimère.

Royalistes, républicains, impériaux obéirent sans murmurer à l'arrêt prononcé par quelques députés, que leur patriotisme conduisit au milieu du combat.

M. le duc d'Orléans reçut le mandat de sauver la France.

Le sceptre qui lui fut confié venait d'être retrempé par l'honneur français: son éclat était superbe, comme la bataille de Marengo, et l'Europe salua la France de juillet de même qu'elle l'avait saluée après Austerlitz ou Iéna.

La grande nation attendait de sa résurrection gloire sans guerre , prospérité , liberté ; elle vit avec fierté dans le roi de son choix le descendant des plus anciens rois de la terre , et les rois se trouvèrent heureux dans leur orgueil gothique de n'être pas condamnés à donner de nouveau le baptême de l'adoption royale à un soldat heureux.

Tout alors était facile ; la France , veuve de Napoléon , n'en était pas moins la grande nation. Un cercueil renfermait pour l'éternité le génie du conquérant , mais la victoire du peuple avait r'ouvert la tombe de Ste-Hélène pour en retirer le sceptre de la démocratie française : le 28 juillet , la France avait quitté le deuil de sa gloire et de son indépendance.

Mais chaque époque a ses lois : Napoléon n'avait pas reçu le sceptre des mains du peuple vainqueur, il l'avait arraché aux mains débiles du directoire ; il ne subit le joug d'aucune condition. Fort de sa gloire sans pareille , il put ne rien promettre et ne promit rien ; il donna tout ce qu'il pouvait donner. Chaque jour de son règne ajouta une nouvelle palme à sa couronne démocratique , le code civil l'atteste. Ses victoires furent toutes les victoires de la démocratie française sur la vieille aristocratie de l'Europe. Sa volonté fut la loi des lois , parce qu'il lui fallait effacer à force de despotisme le souvenir des écarts de la république ; comme il lui fallait vaincre tous les rois par droit divin pour leur faire comprendre que le règne d'un roi , fils de la souveraineté du peuple, n'était pas le règne d'un mandataire de l'anarchie révolutionnaire de 1793. Sa volonté fut toujours l'expression des intérêts et des vœux des masses populaires; il fut constamment le gardien sévère de l'honneur français. En un mot, son règne fut le règne glorieux du principe créateur de 89, et le berceau de notre enfance constitutionnelle. Napoléon régnant en 1835, ne gouvernerait pas comme il le faisait en 1811; son génie apprécierait le degré de civilisation acquis par le peuple.

Le corps législatif muet de l'an 8, qui était une des nécessités de l'époque, serait aujourd'hui remplacé par une chambre des députés, véritable produit du choix de la nation.

Les lois organiques, conséquences de la révolution de juillet, il les aurait dictées aux méditations des plus hautes capacités françaises avant de les soumettre à la sanction législative, et depuis long-temps leurs bienfaits seraient acquis à la France.

Paris et Lyon auraient été fortifiés, parce que le grand intérêt de la patrie l'exige, et doit imposer silence aux intérêts partiels des populations des banlieues de Paris ou de Lyon; mais ils ne l'auraient été que comme le complément d'un système général de défense reconnu par tous, une condition de sécurité nationale, et après que tous les points stratégiques intermédiaires entre nos frontières et ces deux cœurs de l'empire eussent été eux-mêmes fortifiés.

La révolte aurait été vaincue comme elle le fut au 13 vendémiaire, mais la punition des vaincus aurait été le mépris de leur démence. Une seule tête tomba le lendemain du 13 vendémiaire, celle du malheureux Lafond, et encore le général Bonaparte s'efforça-t-il de la sauver! 5o mille hommes cependant avaient combattu contre la convention. Si l'empereur fut sévère pour les complices de Mallet, c'est qu'ils conspiraient.

Le principe créateur et vital de l'empire était la gloire et l'égalité, ses développements la liberté.

Le principe créateur et vital de la monarchie actuelle est le même, gloire, égalité, liberté.

Ces deux principes sont le développemeut légal et progressif des doctrines de l'assemblée constituante, œuvre de toutes les supériorités intelligentes françaises.

Les hommes qui prêchent la mise en action du programme de l'Hôtel-de-Ville, œuvre irréfléchie de l'ivresse des vainqueurs, connaissent aussi mal la France que ceux qui veulent retrouver dans la couronne du roi des Français la couronne de la restauration.

Louis-Philippe, comme Hugues-Capet, sont les élus de la nation, et non des héritiers de leurs prédécesseurs. Ni l'un ni l'autre ne furent usurpateurs en montant les degrés du trône ; tous deux sont nés rois d'une convulsion nationale, mais sous l'empire de circonstances opposées.

C'est par une série d'usurpations successives sur les droits de l'église et des seigneurs de France que les descendants de Hugues-Capet ont dénaturé le mandat que ce premier roi de leur race avait reçu pour condition de son élection, et dont il ne restait plus d'autre souvenir, lors de la révolution de 1789, que le titre de fils aîné de l'église et de premier gentilhomme du royaume que portait encore l'infortuné Louis XVI, lorsqu'accablé sous le poids d'un fardeau trop lourd pour ses vertus évangéliques, il échangea à la barre de l'assemblée nationale la couronne de ses pères contre celle de roi des Français.

Ni vingt ans de convulsions ni l'octroyement de la charte de 1814 ne pouvaient changer l'origine de la couronne, que les désastres de Leipsick et de Waterloo avaient replacée sur la tête de Louis XVIII, du moment où ce prince reprenait le titre de roi de France et de Navarre, datait, à son arrivée sur le sol de France, de la vingtième année de son règne, et prétendait effacer ainsi, par la puissance de l'hérédité, les actes de toute une nation. Sans doute c'était rendre à sa couronne tout l'éclat d'une antique origine, mais c'était interposer entre elle et trente millions de Français toutes les méfiances des intérêts, nés de la révolution de 1789, contre les intérêts ecclésiastiques et nobiliaires dont cette couronne était l'expression.

La couronne de Louis-Philippe serait bien plutôt celle déposée par Louis XVI au pied de l'échafaud, qu'elle n'est, comme le voudraient les doctrinaires, la couronne de la restauration, car au moins il y aurait analogie d'origine.

L'assemblée constituante représentait tous les élémens de notre nation française, la noblesse et l'église venaient d'abdiquer leurs priviléges, et le roi de la constitution de 1791 était, comme le fut depuis, l'empereur de la constitution de 1804, le véritable mandataire de la démocratie, ainsi que l'est aujourd'hui le roi de la charte de 1830.

Mais, pourquoi vouloir plus ou moins dénaturer les faits, et imiter, en quelque sorte, les vieilleries de la cour de Vienne, lorsque, en plaçant l'archiduchesse Marie-Louise dans la couche impériale de Napoléon, elle voulait lui créer une origine royale et en faire le descendant d'un roitelet du ix° siècle.

Louis-Philippe est le fils des plus grands rois de la terre, et l'éclat de son sang royal est d'un immense avantage pour la France, en ce qu'elle interpose son roi entre elle et les vengeances des rois par droit féodal. Mais sa couronne a été forgée par la démocratie française dans les journées de juillet 1830, et elle n'est pas la couronne que Charles X et son fils le dauphin déposèrent en faveur du duc de Bordeaux : celle-là, le peuple de Paris et la garde royale l'ont brisée à coups de canon sur les barricades du Louvre.

Il y a guerre à mort, méfiance éternelle entre les doctrines républicaines et les principes monarchiques, de même qu'entre les principes créateurs et vitaux de la couronne de la restauration et ceux de la couronne du roi des Français. C'est la lutte de l'idéologie contre la réalité, de l'aristocratie et de ses regrets féodaux contre la démocratie et la marche de la civilisation.

Les temps ne sont plus où les peuples étaient nés pour le bien-être des rois; loin de là, ce sont les rois, qui, de nos jours, sont créés pour le bien-être des peuples.

Le faux point de départ du système doctrinaire est la cause prédominante du malaise qui se manifeste de toutes parts, et des embarras ou périls même qui ont placé le ministère dans la nécessité d'implorer le secours des lois en contradiction avec ses propres théories; et c'est encore ce faux point de départ qui, ramenant insensiblement le vaisseau de l'état dans les eaux de la restauration, accumule aux pieds du trône les mécomptes et les méfiances de la nation.

Cependant, on doit reconnaître que plusieurs fautes graves des précédents ministres ont eu l'influence bien fâcheuse de désorganiser l'édifice constitutionnel et de bouleverser toutes les idées d'ordre.

L'abolition de l'hérédité de la pairie est une faute, non que l'hérédité ne fût en quelque sorte un contresens avec le principe démocratique sorti vainqueur de la lutte de juillet, mais en ce que c'était détruire l'équilibre des pouvoirs, et réduire de fait à deux le nombre trois, constitué par la charte. Que deviendrait la chambre des pairs, du moment où elle ne devrait plus son origine qu'au bon vouloir des ministres? — Un rouage ministériel, fallacieusement dénommé l'un des trois pouvoirs.

L'hérédité est une garantie d'indépendance bien plus effective que la nomination à vie n'en est une pour le magistrat dans l'ordre judiciaire, l'expérience des siècles le prouve tout autant que le raisonnement: témoin l'attitude prise depuis cinq ans par la chambre des lords en Angleterre. Mais cette garantie est-elle protectrice des intérêts du peuple ? Non, sauf de bien rares exemples, et encore seulement lorsque l'appui de l'intérêt populaire est nécessaire à l'aristocratie pour se défendre contre les jalousies, les rancunes ou les usurpations de la couronne.

L'hérédité de la pairie française a été sacrifiée aux exigences des circonstances ; les événements ont-ils justifié ces exigences ? Non, car jamais la pairie n'a moins rempli son mandat d'examen consciencieux et sévère des lois et budgets, c'est-à-dire de protecteur expérimenté et calme des intérêts du peuple, que depuis qu'elle n'est plus héréditaire, et ce n'est, en réalité, que comme cour suprême de justice qu'elle a marqué sa place dans l'histoire des derniers temps.

C'est que, produit des intérêts ministériels, elle est, de premier pouvoir législatif qu'elle était, devenue instrument du pouvoir exécutif, et qu'elle a conséquemment et nécessairement laissé usurper toute l'importance législative par la chambre des députés.

Emettre cette opinion ne saurait être, j'espère, manquer au respect que tout Français doit à la chambre des pairs, et que, plus que tout autre, je professe pour la grande majorité des pairs de France, ces vétérans de nos vieilles bandes, l'étonnement de l'univers par leur vaillance, ces descendants de nos plus belles illustrations historiques, ces brillantes capacités administratives ou scientifiques. C'est l'organisation que j'attaque, et non les hommes ; je prie mes lecteurs de le bien comprendre.

Pour conserver à la chambre des pairs l'indépendance, nécessité première de son rang dans notre organisation sociale, il fallait remplacer l'hérédité, s'il est vrai qu'il fallût l'abolir, par un principe électif, et faire représenter à la pairie la masse imposante des hautes notabilités nationales, tout en laissant au roi le choix et la nomination des pairs.

Le mode d'exécution était facile, il suffisait de revenir, en quelque sorte, à ce que la constitution de l'an VIII avait prescrit pour les sénateurs : faire dresser par les colléges électoraux une liste de candidats à la pairie, avec obligation de les choisir exclusivement parmi les individus ayant rendu d'éminents services au département ou à la patrie, soit par leur haute capacité industrielle, scientifique, administrative, judiciaire ou militaire, soit par l'emploi et l'importance de leurs propriétés, et donner au roi le choix parmi les éligibles à la pairie.

Les pairs de France, ainsi nommés, eussent acquis, par le seul fait de leur origine élective, un haut degré d'indépendance, car ils eussent nécessairement obéi au sentiment prédominant de mandataires d'un intérêt national, bien plus qu'à leur reconnaissance pour le ministre signataire de leur ordonnance de nomination, reconnaissance qui, dès-lors, n'eût été que secondaire.

Cette combinaison aurait en outre l'avantage de satisfaire également aux intérêts démocratiques et à ceux aristocratiques, intérêts qu'on ne saurait méconnaître, même dans une monarchie démocratique ; car aristocratie il y a toujours dans une société, quelle que soit sa forme d'organisation. Les proconsuls de la convention nationale formaient dans le corps social des Français, sous le règne de Robespierre, une aristocratie bien autrement privilégiée que ne le fut jamais l'aristocratie que représentait la pairie héréditaire de 1814, condamnée par la législature de 1832.

Une autre faute, moins importante, mais dont les conséquences ont été funestes au repos de la France, c'est d'avoir décerné des récompenses nationales aux hommes qui ont prétendu à l'honneur d'avoir été les premiers à lever ou à défendre l'étendard de la révolte contre le gouvernement. Notre éducation populaire n'est pas assez avancée pour que les masses aient pu comprendre la différence entre les circonstances qui dominaient en juillet 1830 et celles sous l'empire desquelles éclatèrent depuis, les émeutes de Paris ou de Lyon. Il fallait au contraire qu'il fût bien compris par toutes les classes de la nation que la révolte est le premier des crimes sociaux, et que son absolution ne peut naître que de circonstances qui, heureusement pour le bonheur des nations, ne se représentent que bien rarement dans le cours de leur existence.

Il fallait enfin que le combat de juillet ne fût qu'un accident, une convulsion de l'honneur des masses françaises vaincues à Waterloo, qu'immédiatement après l'avénement au trône du roi Louis-Philippe, tout rentrât dans les limites d'ordre prescrites par l'acte constitutionnel que la France venait de jurer aux yeux de l'Europe, étonnée de son audace.

La garde royale méritait le respect par sa fidélité

à ses serments. Ce qu'elle a fait, les vieux grognards de la garde impériale, l'eussent fait, eux que la France entière révère comme les preux de l'empire : un soldat qui délibère est un parjure. La maison militaire de Charles X était un débris féodal, la garde suisse blessait notre foi française. On a bien fait de licencier ces deux corps; la garde royale, il fallait l'envoyer sur les frontières, pour rappeler à l'Europe qu'un Français ne compte jamais le nombre de ses ennemis lorsqu'il se bat pour la défense de son drapeau. Grand nombre de soldats de la garde royale étaient soldats de la vieille garde impériale ; le drapeau d'Austerlitz, flottant de nouveau sur leurs têtes, aurait, s'il est possible, doublé leur valeur, et les eût transformés en vainqueurs, de vaincus qu'ils venaient d'être.

C'est également une faute d'avoir laissé fouler aux pieds les fleurs-de-lys, ces insignes de la gloire nationale pendant des siècles. On ne devait pas oublier qu'elles flottaient sur la tête de nos soldats lorsque Turenne menaçait Vienne sur les bords de l'Inn, que Louis XIV passait le Rhin, prenait en six semaines soixante places fortes et conquérait la Hollande, et que si récemment notre jeune armée les portait sur ses drapeaux lorsqu'elle les planta sur les tours d'Alger. Les fleurs-de-lys appartiennent à l'honneur français, comme l'aigle d'Austerlitz, comme le coq de Lodi, d'Arcole, d'Hohenlinden.

C'est un crime pour un ministère que de céder aux menaces ou aux actes de la populace, tout autant que c'est une preuve de supériorité que de prévenir les besoins et même les désirs raisonnables des masses, et de se placer ainsi en tête du mouvement pour le diriger constamment dans l'intérêt national.

L'écusson de François Ier, d'Henri IV, de Louis XIV, n'eût point entaché le drapeau tricolore, il y eût au contraire adjoint de glorieux souvenirs ; il fallait le placer au centre de nos drapeaux, et ne pas donner à une nation, éminemment brillante par sa valeur guerrière, un livre pour insigne. J'en demande pardon à l'honorable et vénérable M. Dupont (de l'Eure), mais il méconnut complètement notre génie français lorsqu'il signa l'ordonnance qui donnait à la France le livre de la Charte pour sceau et armoirie ; quel est le grenadier qui voudrait en voir décoré la plaque de son schako ?

Deux fautes bien plus graves que toutes celles qui viennent d'être signalées, c'est, dans la nouvelle organisation électorale, le mépris complet des droits de près de deux millions de citoyens, et, dans l'organisation de la garde nationale, l'inutilité de cette milice citoyenne, excepté pour la ville de Paris.

Le système électoral actuel eût été sans nul doute une large extension des concessions faites par un héritier de Hugues-Capet ; mais il faudrait que l'alchimie doctrinaire eût reçu de quelque fée le pouvoir de tout dénaturer impunément, pour que la révolution de juillet ait porté ses fruits en dotant la France de quelques milliers d'électeurs ; et qu'un Français pût comprendre qu'assez civilisé pour nommer ses chefs dans la milice citoyenne, il ne l'est pas assez pour contribuer, en quoi que ce soit, à l'élection de ses mandataires pour le vote de l'impôt qu'il lui faut payer!...

La doctrine a trop d'esprit pour n'avoir pas compris toute l'absurdité de son système électoral, mais elle en a trop aussi pour n'avoir pas également compris tout l'avantage qu'elle retirerait des restrictions imposées par sa loi à l'exercice du droit électoral; et, par une fatalité, conséquence naturelle des intérêts individuels de chacun des députés prétendant à une influence départementale quelconque, la majorité de la chambre des députés s'est associée au système qui condamne au rôle de parias électoraux deux millions de citoyens, par la bien bonne raison que, de même qu'il est à peu près impossible que fonds secrets du gouvernement ou fonds secrets des comités directeurs décident, dans une compagnie de garde nationale, de l'élection d'un capitaine, de même il serait impossible qu'un fonds secret, de quelque nature qu'il fût, décidât de l'élection d'un député dans un collége électoral où l'intérêt populaire serait représenté, et que dès-lors la majorité de la chambre des députés serait acquise à l'opinion nationale et non à telle ou telle coterie.

Sans doute alors il faudrait deux degrés d'électeurs, non dans le sens de la loi de la restauration, mais dans le sens démocratique de la monarchie de juillet.

Tout garde national serait électeur au deuxième degré, tout élu de ce deuxième degré serait électeur au premier degré, c'est-à-dire membre du collége électoral, et contribuerait à l'élection des députés dans les limites de la loi actuelle.

La question se réduirait donc à fixer le nombre d'élus par bataillon ou compagnie, de manière à ce que l'ensemble de ces élus fût avec le nombre actuel des électeurs dans le rapport des intérêts représentés, mais non pas dans le rapport des masses, calcul facile à établir, et qui rentrerait dans le système de propriété pour condition électorale, mais avec cette différence que la propriété de toute valeur se trouverait représentée, tandis qu'aujourd'hui la grande et la moyenne le sont uniquement, et à l'exclusion de la petite qui ne l'est pas.

Ainsi, la grande et la moyenne propriété continueraient à être représentées par des électeurs directs et sous les conditions de la loi actuelle, et la petite propriété serait représentée par le fait de son aglomération en compagnie de garde nationale.

Or, en supposant, comme terme moyen, une compagnie par commune, et chaque compagnie étant admise à élire un électeur, ce serait environ quarante mille nouveaux électeurs, c'est-à-dire un cinquième du nombre actuel.

Certes, on ne saurait opposer à ce système l'embarras de la réunion ou du vote, et cependant il semble qu'il aurait le résultat immense de donner à la chambre des députés une valeur nationale à l'abri de toute critique, car elle serait alors incontestablement le produit du vote de tous les Français jouissant de l'exercice de leurs droits civils.

Poser des conditions à l'éligibité autres que des garanties contre l'intrigue, l'inexpérience ou l'incapacité morale, c'est en quelque sorte agir en violation du droit électoral, mais c'est surtout prononcer l'exclusion de grand nombre d'intelligences supérieures que l'impossibilité de satisfaire aux conditions de cens éloigne de la chambre des députés, soit parce que leur fortune est trop modique, soit parce qu'ils n'ont point encore hérité du patrimoine qui leur est destiné.

Pour rendre utile au pays l'organisation de la garde nationale et faire qu'elle ne soit plus, hors celle de Paris, une charge inutile, si même un embarras, il faudrait former une compagnie mobile par bataillon, cette compagnie dite d'élite, grenadiers ou voltigeurs, étant composée de jeunes célibataires de 18 à 30 ans, qui ne pourraient choisir que leurs sous-officiers, et encore sous la condition de les prendre parmi d'anciens militaires, et qui recevraient leurs officiers du choix du roi.

Ces quatre mille compagnies d'élite (car il y en aurait facilement une par canton) étant constamment entretenues au complet de cent hommes sous les armes, formant une masse de quatre cent mille baïonnettes, seraient une force réelle et non fictive, comme les 1,500,000 baïonnettes de la garde nationale de l'organisation actuelle; elles ajouteraient nécessairement à la puissance morale du gouvernement dans ses relations extérieures, et lui seraient d'une grande utilité pour la sûreté intérieure du royaume.

On a beaucoup reproché aux ministres qui ont gou-

verné pendant les premières années du règne du roi
Louis-Philippe d'avoir admis, comme base des relations politiques de la France avec l'Europe, les traités
de 1814 et de 1815. Certes, ces ministres ont eu be-
soin d'une grande force de pensée pour comprimer
en eux l'élan d'honneur qui nécessairement les pous-
sait au cri de guerre et redemandait pour frontières
de la monarchie le Rhin et les Alpes, et il leur a fallu
bien comprendre tout ce que la guerre ferait naître de
dangers pour cette France du drapeau tricolore, à peine
ressuscitée, après quinze ans d'ensevelissement sous
les cendres de son indépendance et de sa gloire.

La guerre n'était possible qu'au prix de sacrifices
immenses, qu'avec l'emploi d'armes destructives de
toute prospérité européenne pour de nombreuses années. C'était recommencer la lutte à mort dont les dé-
buts avaient eu Fleurus pour champ de bataille et la fin
Waterloo pour sépulture.

Assez de lauriers ornaient le drapeau que la France
venait de rendre pour ombrage au trône de son roi,
sa vue suffisait pour rappeler à l'univers tout l'immen-
sité de la grandeur française.

La guerre eût donc été une faute bien grave.

S'interposer entre l'explosion des principes de 89,
les vengeances de la France et la Sainte-Alliance, pour
arrêter et dominer de prime-abord les haines de l'a-
ristocratrie européenne par l'empire moral de la résurrection française, et dominer en France le mouvement libéral par les avantages des bienfaits de la
paix pour laisser aux effets de l'organisation définitive

démocratique de la monarchie le soin de lui rendre les provinces qu'elle avait perdues en 1814, était une pensée bien forte, et qui place au premier rang, parmi les plus hautes capacités que signale l'histoire, l'homme qui l'a conçue.

C'est au cri de liberté que les peuples ont couru aux armes en 1813 et dans la foi des promesses libérales que leur prodiguaient leurs princes. L'édifice gothique restauré au congrès de Vienne s'écroule. Il y a aujourd'hui guerre à mort en Allemagne entre le principe aristocratique féodal et le principe démocratique, comme il y avait schisme au xvie siècle entre les principes du catholicisme et ceux du protestantisme. Les baïonnettes de la Sainte-Alliance ne seront pas plus puissantes que ne furent les hallebardes bénies des soldats de la foi catholique. La vieille Angleterre elle-même est en décomposition, son heure a sonné. Mais si la France, le lendemain du combat de juillet, avait arboré sur les bords du Rhin l'étendard de la réforme, la fierté nationale des autres peuples les eût armés pour la défense d'un ordre de choses qu'ils ne supportent plus qu'avec impatience.

Les rois des monarchies du 2e et 3e ordre, en Allemagne, ne sont ni rois absolus, ni rois constitutionnels; ils sont feudataires de l'empereur et du roi de Prusse, et constamment froissés entre les ordres qu'ils reçoivent de Vienne et de Berlin, et les intérêts, soit de leurs couronnes, soit de leurs peuples.

L'ancienne constitution germanique était loin de donner aux empereurs d'Allemagne une égale domina-

tion sur les électeurs; chaque prince était maître ab-
solu dans ses états, et jamais la cour de Vienne n'aurait pensé à dicter des ordonnances de police intérieure
à Cassel, à Munich ou à Dresde.

La confédération du Rhin, tout enchaînée qu'elle
était au joug de Napoléon, sous le rapport des contin-
gents à fournir à ses armées, était également complètement indépendante en ce qui regardait l'exercice
de la souveraineté et l'administration intérieure des
états.

L'ordre des choses actuel est une œuvre machiavé-
lique mal combinée, mais dans le but de placer sous
le sceptre de l'Autriche toute la rive gauche de
l'Èbre.

Les hommes qui ont fait en 1814 le partage de l'Europe continentale, ignoraient les premières notions des
besoins des peuples sous le double rapport de leur
puissance militaire et de leur prospérité commerciale.
La Prusse n'a reçu que des bras, elle n'a pas de corps.
L'Autriche a doublé ses possessions et n'a pas régula-
risé sa ligne de défense contre la Russie; faute bien
grave lorsque la couronne de Pologne était posée sur
la tête du Czar. Il semble qu'on n'ait eu alors qu'une
seule pensée, piller l'empire français, sans songer aux
conséquences du partage.

Si, au contraire, la nation allemande avait été réha-
bilitée par le congrès de Vienne, qu'une seule et belle
monarchie eût été créée entre le Mein, le Rhin, l'Oder
et la Baltique, sous le sceptre du vénérable Frédéric-
Guillaume de Prusse, et que la couronne de Pologne eût

été donnée à un prince également recommandable par ses vertus et sa longue expérience, l'équilibre européen aurait été rétabli pour des siècles, comme une garantie immuable de la paix du monde, et c'est alors seulement que la France, même avec ses limites des Alpes et du Rhin, n'aurait plus été un danger, et qu'enchaînée par la victoire elle eût été condamnée à consommer en prospérité commerciale et industrielle, le génie volcanique de ses enfants.

Les rois de Bavière, de Wurtemberg, devaient leurs couronnes aux caprices de Napoléon; ils n'avaient d'autres droits aux bienfaits de ses vainqueurs que leurs parjures à l'aigle de France, pendant la campagne de 1813 : la récompense due à leur trahison ne pouvait pas être un motif sérieux de sacrifier la nation allemande; mais à cette époque, on le répète, tout fut faute, et l'Angleterre même, toujours si soigneuse, en toutes autres occasions, des intérêts de son commerce, les oublia complètement lorsqu'au lieu de déclarer Hambourg, Anvers et Gênes villes libres sous sa protection, ce qui lui assurait le monopole du monde, elle a préféré le rôle de désintéressement qui l'a conduite à se voir successivement fermer toutes les portes du continent par l'ingratitude des rois qu'elle a sauvés, pendant une lutte de vingt ans, des chaînes de la France.

Le prince de Talleyrand a fait preuve au congrès de Vienne d'une grande puissance de méditation et de prévision lorsqu'il a compris que le morcellement des provinces rhénales entre la Hollande, la Prusse, la

Hesse, la Bavière, Darmstadt et Bade, n'était et ne pouvait jamais être qu'une concession éphémère faite à la force des circonstances qui dominaient alors, et que la révision des œuvres de ce congrès étant une des nécessités d'un avenir prochain, la France, si elle était fortement reconstituée sous un régime constitutionnel, se trouverait la protectrice naturelle des états constitutionnels de second ordre et interviendrait nécessairement à la réorganisation de l'Europe, avec plus ou moins de prépondérance, suivant le plus ou le moins d'habileté de sa politique pendant le laps d'attente, ce qui lui assurait le retour sous sa loi des provinces qu'elle sacrifiait à la paix. Le traité de la quadruple alliance est un des effets de ce système.

FIN.

BIBLIOTHEQUE ROYALE
I